दाग़ देहलवी

(ग़ज़ल का एक स्कूल)

दाग़ देहलवी

(ग़ज़ल का एक स्कूल)

भूमिका एवं सम्पादन

निदा फ़ाज़ली

वाणी प्रकाशन

वाणी प्रकाशन
4695, 21-ए, दरियागंज, नयी दिल्ली 110 002

फ़ोन : +91 11 23273167 फ़ैक्स : +91 11 23275710

शाखाएँ

अशोक राजपथ, पटना 800 004, बिहार

कॉफ़ी हाउस कैम्पस, महात्मा गांधी मार्ग, इलाहाबाद 211 001, उत्तर प्रदेश

महात्मा गांधी अन्तरराष्ट्रीय हिन्दी विश्वविद्यालय, वर्धा 442 001, महाराष्ट्र

सुल्तानिया रोड, मोतिया पार्क, भोपाल 462 001, मध्य प्रदेश

www.vaniprakashan.com
marketing@vaniprakashan.in
sales@vaniprakashan.in

Dagh Dehalvi
(Ghazal Ka Ek School)
Edited by Nida Fazali

ISBN : 978-81-7055-555-1
Ghazals

पेपरबैक संस्करण 2000, 2005, 2012
पेपरबैक चतुर्थ संस्करण 2022

मूल्य : ₹ 125

जयंत प्रिंटरी, एलएलपी, मुम्बई-02 में मुद्रित

वाणी प्रकाशन का लोगो मक़बूल फ़िदा हुसेन की कूची से

अनुक्रम

दाग़ देहलवी—ग़ज़ल का एक स्कूल

अंधे मुगल बादशाह शाहआलम के आख़िरी ज़माने में पठानों का एक ख़ानदान समरक़ंद से उखड़ के रोटी-रोज़ी की तलाश में भारत आता है, और कुछ महीने मुनासिब ज़मीन-आसमान की खोज में इधर-उधर भटकता है और फिर देहली के एक मोहल्ले बिल्लीमारान में बस जाता है। इस ख़ानदान की दूसरी पीढ़ी में एक नौजवान अहमद बख़्श ख़ाँ अलवर के राजा बख़्तावर सिंह के उस फ़ौजी दस्ते की सरदारी का फ़र्ज़ निभाता है जो राजा की ओर से भरतपुर के राजा के ख़िलाफ़ अंग्रेज़ों की मदद के लिए भेजा जाता है।

लड़ाई के मैदान में यह नौजवान अपनी जान को दाँव पर लगाकर एक अंग्रेज़ कप्तान की जान बचाता है और इस वफ़ादारी के सिले में लार्ड लेक से फ़िरोज़पुर और झरका की जागीरें इनाम में पाता है। इसका अलवर की मेवातन बीवी से बड़ा लड़का शम्सुद्दीन ख़ाँ जागीर के झगड़े में अंग्रेज़ों की नाइंसाफ़ी के खिलाफ़ आवाज़ उठाता है। ब्रिटिश रेज़ीडेंट के क़त्ल का प्लान बनाता है और इस जुर्म में भरी जवानी में 1835 में फाँसी की सज़ा पाता है। दिल्लीवाले इस बहादुर की मौत पर आँसू बहाते हैं और बरसों उसके मज़ार पर फूल चढ़ाते हैं।

मिर्ज़ा ख़ाँ इसी शम्सुद्दीन ख़ाँ के पहले और आखिरी बेटे हैं जो बाद में उर्दू ग़ज़ल के इतिहास में नवाब मिर्ज़ा ख़ाँ 'दाग़' के नाम से मशहूर होते हैं।

पिता की फाँसी के वक़्त मिर्ज़ा ख़ाँ चार साल चार महीने के थे। यह दुर्घटना उनकी माँ वज़ीर बेगम को ही कई साल तक अंग्रेज़ों के ख़ौफ़ से अंडरग्राउंड होने पर मजबूर नहीं करती, मिर्ज़ा ख़ाँ को भी बचपन की इस कच्ची उम्र में माँ के प्यार से दूर कर देती है। वह माँ की गोद से निकलकर अपनी मौसी की गोद में चले जाते हैं।

माँ बेटे की यह दूरी उस समय समाप्त होती है जब कई वर्षों के भटकाव के बाद वज़ीर बेगम की मुलाक़ात आख़िरी मुग़ल सम्राट बहादुरशाह ज़फ़र के होने वाले उत्तराधिकारी मिर्ज़ा फ़ख़रुद्दीन से होती है। यह मुलाक़ात जल्द ही वज़ीर बेगम को नवाब शौकत महल का ख़िताब देकर लालक़िले की मलिका बना देती है। शाही महल के सुकून ने माँ के दिल को बेसुकून किया तो मिर्ज़ा ख़ाँ, जो अब नौ-दस बरस के

हो चुके हैं, रामपुर में अपनी मौसी के यहाँ से लालक़िले में बुला लिये जाते हैं।

खुदा जब दोस्त है ऐ दाग़ क्या दुश्मन से अंदेशा
हमारा कुछ किसी की दुश्मनी से हो नहीं सकता।

लालक़िले में इनकी तालीम तरबियत शाहज़ादों जैसी हुई। उर्दू फ़ारसी के साथ निशानेबाज़ी, घुड़सवारी, तलवार चलाना आदि भी इनकी शिक्षा में शामिल थे। यहीं की शायराना चहल-पहल ने उनमें छिपे हुए शायरी के शौक़ को गहरा किया। वह बादशाह और दूसरे शाहज़ादों के उस्ताद ज़ौक के सबसे कम उम्र के शिष्य थे।

उस युग में लालक़िला बहादुरशाह के बुढ़ापे की तरह भारत में मुग़ल इतिहास की अंतिम साँसें ले रहा था। लाल पत्थरों की इस इमारत में न अब बाबर की तलवार की चमक थी, न अकबर के किरदार की लचक थी। अब इसके पास न जहाँगीर के न्याय का रिवाज था, न शाहजहाँ के इश्क़ का ताज था। बादशाह सिर्फ़ नामचार का था। हुकूमत का सारा कारोबार अंग्रेज़ रेज़ीडेंट के अधिकार में था।

मुग़लों का यह पतन औरंगज़ेब के पश्चात् अठारहवीं सदी के शुरू के सालों से आरंभ हो चुका था। मोहम्मद शाह के ज़माने में नादिरशाह के आक्रमण और दिल्ली में उसकी फ़ौजों की खुले आम लूटमार ने जिसमें एक दिन में तीस हज़ार से ज़्यादा मुसलमान शहरी मारे गये थे मुग़लों की साख को बुरी तरह नुक़सान पहुँचाया था। चारों तरफ़ नयी ताक़तें सर उठाने लगी थीं। और बादशाह आहिस्ता-आहिस्ता इनके हाथों की कठपुतलियाँ बनते जा रहे थे। अंग्रेजों ने इन ह़ालात से लाभ उठाया और 1803 में शाह आलम की बादशाहत को लालक़िले तक सीमित करके दिल्ली में अपने हाथ-पाँव फैला लिये। औरंगज़ेब के बाद इस तरह के केवल नाम के ग्यारह बादशाहों में अंतिम नाम बहादुरशाह ज़फ़र का था। जिनके बड़े लड़के ने वज़ीर बेगम से शादी की थी।

लालक़िले में दाग़ ने अपने जीवन के लगभग बारह साल गुज़ारे, शाही महल की रंगरलियाँ, मिर्ज़ा फ़ख़रुद्दीन के देहांत तक ही उनका साथ दे पायीं। उनके देहांत के पश्चात् बूढ़े बहादुरशाह की जवान मलिका ज़ीनतमहल की राजनीति ने लालक़िले में उन्हें नहीं रहने दिया। वह फिर से घर से बेघर हो गये। लेकिन इस बार वह अपने बचपन की तरह अकेले नहीं थे। उनके साथ उनकी माता भी थीं। माता के साथ उनकी जाइज़ औलादों के साथ उनके काशमीरी सौंदर्य की कुछ नाजाइज़ सज़ायें भी थीं। मिर्ज़ा फ़ख़रुद्दीन से मिर्ज़ा मोहम्मद खुरशीद के अलावा, आग़ा तुराब अली से, जिनके यहाँ वह शम्सुद्दीन ख़ाँ की फाँसी के बाद कुछ दिन छुपी थीं आग़ा मिर्ज़ा शाग़िल और जयपुर के एक अंग्रेज़ से भी एक लड़का अमीर मिर्ज़ा और एक लड़की बादशाह बेगम शामिल थीं।

लालक़िले में बारह साल की इस मुद्दत में दाग़ ने अपनी शायराना ज़ेहानत

से उस युग के बुज़ुर्ग शायरों जैसे ग़ालिब, मोमिन, ज़ौक़, शेफ़्ता को ही नहीं चौंकाया अपनी सीधी सहज भाषा और उसके ड्रामाई आकर्षण ने आम लोगों को भी उनका प्रशंसक बना लिया था, उनकी ग़ज़ल ने ग़ालिब के दार्शनिक अंदाज़, मोमिन के उलझाव या अपने उस्ताद ज़ौक़ के नैतिक स्वभाव से अलग अपनी पहचान बनायी थी। यह पहचान ग़ज़ल के एक सशक्त स्कूल के रूप में उर्दू इतिहास का एक रोशन पृष्ठ है। इस ग़ज़ल के इस रूप ने, भाषा को वह मंझाव और पारदर्शियत बख़्शी है, जिसमें बारीक से बारीक ख़याल के इज़हार की नयी गुंजाइशें पैदा हुई हैं। दाग़ के इस अंदाज़ ने अवामी बोली और उसमें मुहावरों तथा रोज़मर्रा की रचनात्मक खपत के कारण उनकी शैली की परछाइयों का दायरा उनके बाद भी वर्तमान युग तक फैला हुआ नज़र आता है।

ग़ालिब का अहंकार भी दाग़ के इस अंदाज़ से प्रभावित हुए बिना नहीं रह सका। दाग़ के एक जीवनी लेखक निसार अली शोहरत से उन्होंने एक बार कहा था, "दाग़ भाषा को न सिर्फ़ पाल रहा है बल्कि उसे तालीम भी दे रहा है।" दाग़ की रचनात्मक क्षमता अपने समकालीनों में सबसे अधिक थी। उनका एक पूरा दीवान 1857 की लूटमार की भेंट चढ़ा, दूसरा उनके हैदराबाद के निवास के दौरान किसी की हाथ की सफाई का शिकार हो गया। इन दो दीवानों के खो जाने के बावजूद उनके पाँच दीवान 'गुलज़ारे दाग़', 'महताबे दाग़', 'आफ़्ताबे दाग़', 'यादगारे दाग़', 'यादगारे दाग़-भाग 2', जिनमें 1038 से ज़्यादा ग़ज़लें, अनेकों मुक्तक, रुबाइयाँ, सलाम मर्सिये आदि सम्मिलित हैं। इसके अलावा एक 838 शेरों की मसनवी भी (खंडकाव्य) 'फ़रियादे दाग़' के नाम से प्रकाशित हुई। इतने बड़े शायरी के सरमाये में सिर्फ़ उनकी मोहब्बत की बाज़ारियत को ही उनकी शायरी की पहचान समझना बहुत बड़ी भूल है। इस भूल का दोषी और तो और फ़िराक़ गोरखपुरी जैसा समझदार आलोचक भी हुआ है। इससे इनकार करना कठिन है कि लालक़िले के मुजरों, क़व्वालियों, अय्याशियों, अफ़ीम-शराब की वक़्ती रंगरलियों, से जिनकी ऊपरी चमक-दमक में उस समय की दम तोड़ती तहज़ीब की अंतिम हिचकियाँ साफ़ सुनाई देती थीं, दाग़ के बचपन और जवानी के प्रारंभिक वर्ष प्रभावित हुए थे। इस दौर का सांस्कृतिक पतन उनके शुरू के इश्क़ के रवैये में साफ़ नज़र आता है। उनकी ग़ज़ल की नायिका भी इस असर के तहत बाज़ार का खिलौना थी, जिससे वो भी उन दिनों की परम्परा के अनुसार खूब खेले। लेकिन दाग़ का कमाल यह है कि वह यहीं तक सीमित होकर नहीं रह गये। उनकी शायरी में उनके व्यक्तित्व की भाँति जिसमें आशिक़, नज़ाराबाज़, सूफ़ी, फ़नकार, दुनियादार, अतीत वर्तमान एक साथ जीते जागते हैं कई दिशाओं का सफ़रनामा है। ये शायरी ज़िंदा आदमी के विरोधाभासों का बहुमुखी रूप है, जिसे किसी एक चेहरे से पहचानना कठिन है।

काबे की है हवस कभी कूए बुताँ की है
मुझको ख़बर नहीं, मेरी मिट्टी कहाँ की है।

दिल की कली न तुझसे कभी ऐ सबा खिली
चंपा खिला, गुलाब खिला, मोतिया खिली... !

—

आओ मिल जाओ कि यह वक़्त न पाओगे कभी,
मैं भी हमराह ज़माने के बदल जाऊँगा...

—

जो हो सकता है इससे वह किसी से हो नहीं सकता
मगर देखो तो फिर कुछ आदमी से हो नहीं सकता।

दाग़ 1857 की तबाहियों से एक आम आदमी की तरह गुज़रे थे। दिल्ली के गली-कूचों में इनसानी लाशों का नज़ारा किया था। लालक़िले से निकलकर तिनका-तिनका जोड़कर जो आशियाना उन्होंने निर्माण किया था, उसे बिखरते देखा था। अपने दस-बारह साल के कलाम की बर्बादी के वह मजबूर तमाशाई थे। क़िले से निकले अभी मुश्किल से आठ-नौ महीने ही हुए थे कि इस तबाही ने उन्हें घेर लिया। 1857 का ख़ून-ख़राबा दाग़ का निजी ग़म ज़रूर था, लेकिन इस ग़म में उनकी सोच ने सामूहिक ग़म से रिश्ता नहीं तोड़ा। उनके आँसुओं में दूसरों के दुखों का भी बड़ा हिस्सा था। यही उनकी ज़िंदा फ़नकारी का सबूत है।

ज़मीं के हाल पे अब आसमान रोता है
हरेक फ़िराक़े मकीं में मकान रोता है
गदा-ओ-शाहो ज़ईफ़ो जवान रोता है
ग़रज़ यहाँ के लिए इक जहान रोता है
जली हैं धूप में शक्लें जो माहताब की थीं
खिंची हैं काँटों पे जो पत्तियाँ गुलाब की थीं।

—

यह वह जगह है कि इबरत को इबरत आती है
यह वह जगह है कि हसरत को हसरत आती है
यह वह जगह है कि आफ़त पे आफ़त आती है
यह वह जगह है कि शामत पे शामत आती है
यह वह जगह है जहाँ बेकसी भी डर जाये
यह वह जगह है अजल ख़ौफ़ खा के मर जाये।

दिल्ली के हंगामों से गुज़र के दाग़ ने रामपुर में पनाह ली। रामपुर से उनका संबंध उनकी मौसी उमदा बेगम के पति रामपुर के नवाब यूसुफ़ अली ख़ाँ के दौर से था। दिल्ली के उजड़ने के बाद, रामपुर उन दिनों असीर, अमीर, ज़हीर, निज़ाम और जलाला जैसे उस्तादों की आवाज़ों से आबाद था, नवाब शायरों का क़द्रदान था, आसमान मेहरबान था। यहाँ दाग़ की शायरी भी ख़ूब फली-फूली और उनकी आशिक़ाना तबियत

भी ख़ूब खुल-खेली। मुन्नीबाई हिजाब नाम की गायिका-तवायफ़ से दाग़ का मशहूर इश्क़ इसी माहौल की देन है। दाग़ का यह इश्क़ आशिक़ाना कम था शायराना ज़्यादा था, दाग़ उस वक़्त आधी सदी से ज़्यादा उम्र जी चुके थे, जबकि मुन्नीबाई हर महफ़िल में जाने महफ़िल होने का जश्न मना रही थी। अपने इस इश्क़ की दास्तान को उन्होंने फ़रयादे दाग़ में मज़े के साथ दोहराया है। मुन्नीबाई से दाग़ का यह लगाव जहाँ रंगीन था, वहाँ थोड़ा-सा संगीन भी था। दाग़ उनके हुस्न पर क़ुर्बान थे और वह नवाब रामपुर के छोटे भाई हैदरअली की दौलत पर मेहरबान थी। रामपुर में हैदरअली को रक़ीब बनाकर रामपुर में दाग़ का रहना मुश्किल था। मगर दिल फिर दिल था, वह हिजाब का घायल था। प्रेम ने जब ज़्यादा सताया तो उन्होंने हैदरअली तक अपना यह पैग़ाम भिजवाया।

"दाग़ हिजाब के तीरे नज़र का घायल है। आप के दिल बहलाने के और भी सामान हैं लेकिन दाग़ बेचारा हिजाब को न पाये तो कहाँ जाये।" नवाब हैदरअली ने दाग़ की इस गुस्ताख़ी को न सिर्फ़ माफ़ किया, उनके ख़त का जवाब खुद मुन्नीबाई उन तक लेकर आयीं। उनका जवाब था, "दाग़ साहब, आपकी शायरी से ज़्यादा हमें मुन्नीबाई अजीज़ नहीं है।"

सबसे तुम अच्छे हो तुमसे मेरी क़िस्मत अच्छी,
ये ही कमबख़्त दिखा देती है सूरत अच्छी।

मुन्नीबाई एक डेरेदार तवायफ़ थी। उनके पास अभी उम्र की पूँजी भी थी और रूप का ख़ज़ाना भी था। वह घर की चारदीवारी में सीमित होकर पचास से आगे निकलती हुई ग़ज़ल का विषय बनकर नहीं रह सकती थीं। वह दाग़ के पास आयीं लेकिन जल्द ही दाग़ को छोड़कर वापस कलकत्ते के बाज़ार की ज़ीनत बन गयीं।

नवाब रामपुर कल्बे अली ख़ाँ के देहांत के बाद दाग़ रामपुर में ज़्यादा नहीं रह सके। समय ने फिर से उनसे छेड़छाड़ शुरू कर दी थी। लालक़िले से निकलने के पश्चात् चैन की जो चंद साँसें आसमान ने उनके नाम लिखी थीं, वह अब पूरी हो रही थीं। वह बुढ़ापे में नये सिरे से मुनासिब ज़मीन-आसमान की तलाश में कई शहरों की ख़ाक छान कर नवाब महबूब अली ख़ाँ के हैदराबाद में चले आये।

तदबीर से क़िस्मत की बुराई नहीं जाती
बिगड़ी हुई तक़दीर बनायी नहीं जाती।

दाग़ अब ढलती उम्र से निकलकर बुढ़ापे की सीमा में दाख़िल हो चुके थे। उन्हें कई बीमारियों ने घेर लिया था। हैदराबाद में दाग़ को पाँव जमाने में साढ़े तीन साल से ज़्यादा समय लगा। उस ज़माने के हैदराबाद के रईस राजा गिरधारी प्रसाद बाक़ी, महाराजा किशन प्रसाद शाद ने उनके लिए बहुत कोशिशें कीं लेकिन दाग़ को रोज़गार

की फ़ौरी ज़रूरत थी और नवाब को कोई क़दम उठाने से पहले लंबी छानबीन की आदत थी। यह समय दाग़ पर बड़ा भारी गुज़रा। वह अपने घर से अलग, बुढ़ापे में जवानों की तरह रोज़गार की तलाश में हाथ-पैर मार रहे थे। नवाब और उनके मित्रों की शान में क़सीदे लिख रहे थे। मज़ारों की चौखटों पर दुआएँ माँग रहे थे। दोस्तों की मदद के सहारे वक़्त काट रहे थे।

जब वक़्त ने कई बार परीक्षा ले कर भी उन्हें मायूस होते नहीं देखा तो मजबूरन उन्हें नवाब के महल तक पहुँचा दिया और वह नवाब के उस्ताद नियुक्त हो गये। दाग़ के इस सम्मान की शोहरत ने मुन्नीबाई के दिल में उस ज़माने की यादों को दोबारा जगा दिया, जिनको भुलाकर वह अपने किसी साज़िंदे के निकाह में आ चुकी थीं। वह अपने पति से तलाक़ ले कर दाग़ के पास हैदराबाद चली आयीं। वह जिस समय हैदराबाद आयी थीं उस समय दाग़ 72 के थे और मुन्नीबाई बालों में ख़िज़ाब और मुँह में नकली दाँत लगाने लगी थीं। लेकिन दाग़ की मुँहबोली बेटी और उनके पति साएल देहलवी की अंदरूनी राजनीति के कारण ये मिलन जल्दी ही शको-शुबहे (संदेह) का शिकार होकर हमेशा के लिए समाप्त हो गया।

दाग़ का युग साहित्यिक दृष्टि से दो दिशाओं में विभाजित था। एक तरफ़ सर सैयद और उनके साथी हाली, शिबली और आज़ाद थे, जो साहित्य को देश और क़ौम के सुधार का माध्यम बनाना चाहते थे। वे कथ्य तथा कहन में नये प्रयोग कर रहे थे, नज़ीर अकबराबादी के सौ बरस बाद कविता फिर से सामूहिक जीवन से जुड़ रही थी। इस क़ाफ़िले में हाली की आवाज़ ज़्यादा ऊँची और रचनात्मक थी।

खेतों को दे लो पानी अब बह रही है गंगा
कुछ कर लो नौजवानो उठती जवानियाँ हैं।

शायरी के बदलते हुए इस वातावरण के साथ ही असीर, तसलीम, अमीर आदि की शायरी थी, जो ग़ज़ल की उस परंपरा की वारिस थी, जो शाह नसीर, मीर सोज़, जुर्अत से होती हुई उन तक आयी थी। इनके यहाँ परंपरा के अंधे अनुकरण ने ग़ज़ल को मीरो ग़ालिब के विस्तृत परिदृश्य से दूर करके महफ़िलों के चोंचलों और अठखेलियों तक महदूद कर दिया था। दाग़ का क्लासिकी मिज़ाज भी इन्हीं शायरों के करीब था परंतु दाग़ की होशमंदी और जीवन के उतार-चढ़ाव से उनका संबंध अपने समकालीनों की तुलना में अधिक गंभीर और प्रगतिशील था। हाली की भाँति उनके यहाँ खुले बाग़ी तेवर तो नहीं हैं लेकिन अपने युग को उन्होंने एक साधारण आदमी के अंतर्द्वंद्व के दर्पण में दर्शाया है। उनके इज़हार की विधा ग़ज़ल थी। वह व्यक्ति और समाज के रिश्ते को ग़ज़ल के इशारों में ही बयान करते हैं। यह ही वह सन्तुलित रवैया है जो उन्हें परंपरा से जोड़ता भी है और इसमें कुछ अपना नया जोड़ता भी है। उनके इसी संतुलित रखरखाव ने उनकी ग़ज़ल को ही नहीं सँवारा उनकी ग़ज़ल के प्रभाव को भी

दूर तक फैला दिया। दाग़ का इश्क़ इकहरा अवश्य है लेकिन उनकी मनोवैज्ञानिक सूझबूझ और निजी अनुभवों की गरिमा ने इसे प्रचलित परंपरा से अलग करके उनकी ग़ज़ल के नायक-नायिकाओं को ज़िंदगी से क़रीब किया है। उनके यहाँ हाली पानीपति और उनके साथियों जैसा सामयिक बोध तो नहीं है लेकिन, उनके जीवन की विसंगतियों ने उन्हें व्यक्ति और समाज के रिश्ते के बुनियादी मूल्यों के विश्लेषण की दृष्टि ज़रूर दी है। उनकी ग़ज़ल किसी दार्शनिक या समाज सुधारक की सपाटबयानी से दूर है। वह ग़ज़ल के इशारों तथा प्रतीकों की भाषा से कहीं दामन नहीं छुड़ाते। उनकी इसी फ़नकारी से उनकी ग़ज़ल ने समय के बदलते आयामों का साथ दिया है। डॉक्टर इक़बाल की शुरू की शायरी पर दाग़ की ग़ज़ल का असर साफ़ ज़ाहिर है।

तअम्मुलतो था उनके आने में क़ासिद
मगर यह बता तर्ज़े इन्कार क्या थी।

डॉक्टर इकबाल, सीमाब, जिगर मुरादाबादी के अलावा उनके शिष्यों की तादाद 2000 से ज़्यादा है। इनमें से सभी दाग़ की ग़ज़ल से किसी न किसी स्तर पर प्रभावित हैं।

उर्दू की नयी ग़ज़ल जो फ़िराक़ से वर्तमान युग तक आयी है उस पर भी दाग़ की ग़ज़ल के प्रभावों को देखा जा सकता है। कुछ मिसालें देखिए :

उन्हें गो रंजिशे बेजा है लेकिन है तो हमसे है···
मोहब्बत गर नहीं बाहम, शिकायत दर्मियां क्यों हो।

दाग़

मेहरबानी को मोहब्बत नहीं कहते ऐ दोस्त
आह अब मुझसे तेरी रंजिशे बेजा भी नहीं।

फ़िराक़

तबीयत कोई दिन में भर जायेगी
चढ़ी है यह आँधी उतर जायेगी

दाग़

नियते शौक भर न जाये कहीं
तू भी दिल से उतर न जाये कहीं

नासिरकाजमी

लाचार तुम हो दिल से तो मजबूर जी से हम
रखते हो तुम किसी से मोहब्बत किसी से हम।

दाग़

कभी किसी को कोई हस्बे आरज़ू न मिला···
किसी को हम न मिले और हम को तू न मिला।

ज़फ़र इकबाल

अल्ला रे जामाज़ेब तेरी जामाज़ेबियाँ
पहना जो रंग तूने वही रंग खिल गया।

दाग़

पड़ती है सात रंगों की तेरी बदन पे छूट
जो रंग तू पहन ले वह गहरा दिखाई दे।

शाज़ तमकिनत

दाग़ का बुढ़ापा आर्थिक संपन्नता होते हुए बेसुकून गुज़रा, अपनी बीवी के देहांत ने उनके अकेलेपन को ज़्यादा गहरा कर दिया था, जिसे बहलाने के लिए वह एक साथ कई तवायफ़ों को नौकर रखे हुए थे। इनमें साहिबजान, उम्दाजान, इलाहीजान, जद्दन बाई और सूरत की अख़्तर जान ख़ास हैं। ये सब दाग़ के दरबार की मुलाज़िम थीं। दाग़ से इन तवायफ़ों का रिश्ता शाम की महफिलों तक ही था। दाग़ को शायरी के साथ संगीत का भी शौक़ था और ये सब अपने दौर की प्रसिद्ध गायिकाएँ थीं। दाग़ की ग़ज़लों की शोहरत में इन सुरीली आवाज़ों का भी बड़ा रोल रहा है। दाग़ की अपनी कोई औलाद नहीं थी। पत्नी के देहांत के बाद दूर-पास के वे सारे रिश्तेदार जिनको दाग़ पाल रहे थे, दाग़ के घर को आपसी मतभेद का महाभारत बनाये हुए थे, सबकी नज़रें मौत की ओर बढ़ते हुए दाग़ के बुढ़ापे पर थीं। दाग़ 71-72 वर्ष ज़िंदगी की धूप-छाँव झेलकर 1905 में हैदराबाद में ही अपनी पत्नी की कब्र के पहलू में हमेशा के लिए सुकून की नींद सो गये।

क्या मिला हमको जिंदगी के सिवा
वह भी दुश्वार, नातमाम, ख़राब !

—निदा फ़ाज़ली

1

फिरे राह से वो यहाँ आते आते
अजल[1] मर रही तू कहाँ आते आते

अभी सिन[2] ही क्या है जो बेबाकियाँ हों
उन्हें आयेंगी शोख़िया[3] आते आते

बना है हमेशा ये दिल बाग़ो-सहरा[4]
बहार आते आते ख़िज़ाँ आते आते

मेरे आशियाँ के तो थे चार तिनके
चमन उड़ गया आँधियाँ आते आते

नहीं खेल ऐ दाग़ यारों से कह दो
कि आती है उर्दू ज़बाँ आते आते

1. मृत्यु
2. उम्र
3. चंचलता
4. मधुबन-जंगल

2

दुनिया में कोई लुत्फ़ करे या जफ़ा करे
जब मैं न हूँ बला से मेरी कुछ हुवा करे

इस इल्तिजा[1] के साथ कहा मैं ने हाले-दिल
जैसे अख़ीर वक़्त में कोई दुआ करे

मंजूर किस को है जो उठाए बला-ए-इश्क़[2]
जब सर पे आ पड़े तो कहो कोई क्या करे

इस इश्क में इजारा नहीं है किसी का दाग़
परवरदिगार जिसको ये दौलत अता करे

1. अनुरोध
2. प्रेम का दुख

3

दर्द-दिल का न कहिये या कहिये
जब वो पूछे मिज़ाज क्या कहिये

तुझ को अच्छा कहा है किस किस ने
कहने वालों को ख़ैर क्या कहिये

इन्तहा इश्क़ की खुदा जाने
दमे-आख़िर[1] को इब्तिदा[2] कहिये 1. अंतिम साँस, 2. प्रारम्भ

वो भी सुन लेंगे ये कभी न कभी
हाले-दिल सब से जाबजा[3] कहिये 3. जगह-जगह

4

रंज की जब गुफ़्तुगू होने लगी
आप से तुम, तुम से तू होने लगी

मेरी रुसवाई[1] की नौबत आ गयी
शोहरत उनकी कूबकू[2] होने लगी

अब के मिल के देखिये क्या रंग हो
फिर हमारी जुस्तुजू[3] होने लगी

दाग़ इतराए हुए फिरते हैं आज
शायद उनकी आबरू होने लगी

1. बदनामी
2. गली-गली
3. तलाश

5

क्या सबब[1] शाद है बश्शाश[2] है जी आप ही आप
चली आती है मुझे आज हँसी आप ही आप

1. कारण, 2. खुश

अभी आयी भी नहीं कूच-ए-दिलबर[3] से सबा
खिल गयी आज मेरे दिल की कली आप ही आप

3. प्रेमिका की गली

कुछ तो फ़रमाइये उस बदमज़गी का बाइस[4]
आप ही आप है रंजिश ख़फ़गी[5] आप ही आप

4. वजह
5. नाराजगी

कभी कसरत[6] से ग़रज़ है कभी वहदत[7] मंजूर
कभी वो अंजुमन आरा[8] है कभी आप ही आप

6. बहुतात, 7. उद्वैत भाव
8. सभा सजाने वाला

दिल लगी आग है ऐ दाग़ ख़बर लो जल्दी
जो लगाने से लगी कब वो बुझी आप ही आप

6

लुत्फ़ वो इश्क़ में पाये हैं कि जी जानता है
रंज भी ऐसे उठाए हैं कि जी जानता है

मुस्कुराते हुए वो मजम-ए अग़ियार[1] के साथ
आज यूँ बज़्म में आये हैं कि जी जानता है

काब-ओ-दैर[2] में पथरा गईं दोनों आँखें
ऐसे जल्वे नज़र आए हैं कि जी जानता है

दोस्ती में तेरी दरपर्दा हमारे दुश्मन
इस क़दर अपने पराये हैं कि जी जानता है

दाग़े-वारफ़्ता[3] को हम आज तेरे कूचे से
इस तरह खेंच के लाये हैं कि जी जानता है।

1. ग़ैरों की भीड़ में
2. मन्दिर-मस्जिद
3. आशिक़

7

हर अदा मस्ताना सर से पाँव तक छाई हुई
उफ़ः तेरी काफ़िर जवानी जोश पर आई हुई

टोक कर, रस्ते में प्यार आ ही गया उस शोख़ पर
वो नज़र हैरत ज़दा[1] वो बात घबराई हुई — 1. घबराई हुई

ज़ोफ़[2] ने ऐसा बिठाया उसकी बज़्मे नाज़ में — 2. कमज़ोरी
मैं ने ये जाना मुझे हासिल शकेबाई[3] हुई — 3. सब्र

किस दिले-बेताब की यारब तमाशाई हुई
वो निगाहे-शोख़ कुछ फिरती है घबराई हुई,

फिर गया ऐ दाग़ क्या मूँह फेर कर वो महजबीं[4] — 4. चाँद जैसे माथेवाली प्रेमिका
फिर गयी तक़दीर मेरे सामने आई हुई

8

अच्छी सूरत पे गज़ब टूट के आना दिल का
याद आता है हमें हाय ज़माना दिल का

तुम भी मुँह चूम लो बेसाख़्ता[1] प्यार आ जाए
मैं सुनाऊँ जो कभी दिल से फ़साना दिल का

बेदिली का जो कहा हाल तो फ़रमाते हैं
कर लिया तूने कहीं और ठिकाना दिल का

बाद मुद्दत के ये ऐ दाग़ समझ में आया
वो ही दाना[2] है, कहा जिसने न माना दिल का

1. फ़ौरन
2. अक़्लमंद

9

तू ही अपने हाथ से जब दिल-रुबा[1] जाता रहा
दिल की भी पर्वा नहीं जाता रहा जाता रहा

जिस तवक़्क़ो[2] पर थी अपनी ज़िन्दगी वो मिट गयी
जो भरोसा था हमें वो आसरा जाता रहा

मर्गे दुश्मन[3] का ज़्यादा तुम से है मुझ को मलाल[4]
दुश्मनी का लुत्फ़ शिकवे का मज़ा जाता रहा

अच्छी सूरत की रहा करती थी अक्सर ताँक झाँक
रह गयीं आँखें मगर वो देखना जाता रहा

1. दिल लुभानेवाली

2. उम्मीद

3. दुश्मन की मृत्यु, 4. दुख

10

कुछ हमें भी ख़याल हो ही गया
आख़िर उनसे मलाल हो ही गया

रंग लाया है इश्क़ आख़िरकार
एक दोनों का हाल हो ही गया

दौलते-हुस्न हो कि दौलतेज़र[1]
आख़िर आख़िर ज़वाल[2] हो ही गया

1. धन दौलत
2. पतन

ले के दिल ये समझ लिया तुमने
अब हमारा ये माल हो ही गया

11

अब दिल है मक़ाम[1] बेकसी का
यूँ घर न तबाह हो किसी का

गुलशन में तेरे लबों ने गोया
रस चूस लिया कली कली का

इतनी ही तो बस कसर[2] है तुम में
कहना नहीं मानते किसी का

हम बज़्म में उनकी, चुपके बैठे
मुँह देखते हैं हर आदमी का

जीते हैं किसी की आस पर हम
एहसान है ऐसी ज़िन्दगी का

1. स्थान
2. कमी

12

ग़म उस पे आशकार[1] किया हमने क्या किया
ग़ाफ़िल को होशियार किया हम ने क्या किया

हाँ हाँ तड़प तड़प के गुज़ारी तुम्हीं ने रात
तुमने ही इन्तिज़ार किया हमने क्या किया

आईना करके साफ़ दिल अपना दिखा दिया
क्यों उनको शर्मसार[2] किया हमने क्या किया

कहते हैं वो शिकायते-बेदादो-जौर[3] पर
तुम को खुदा ने ख़्वार[4] किया हमने क्या किया

1. ज़ाहिर
2. लज्जित
3. ज़ुल्म की शिकायत
4. अपमानित

13

बुताने-माहवश[1] उजड़ी हुई मंज़िल में रहते हैं
कि जिस की जान जाती है उसी के दिल में रहते हैं

हज़ारों हसरतें[2] वह हैं कि रोके से नहीं रुकती
बहुत अरमान ऐसे हैं कि दिल के दिल में रहते हैं

ख़ुदा रक्खे मुहब्बत ने किये आबाद दोनों घर
मैं उनके दिल में रहता हूँ वो मेरे दिल में रहते हैं

ज़मी पर पाँव नख़वत[3] से नहीं रखते परी-पैकर
ये गोया इस मकाँ की दूसरी मंज़िल में रहते हैं

कोई नामो-निशाँ[4] पूछे तो ऐ क़ासिद[5] बता देना
तख़ल्लुस[6] दाग़ है और आशिक़ों के दिल में रहते हैं

1. चाँद जैसे चेहरेवाले
2. वह इच्छा जो पूरी न हो
3. गर्व
4. अता-पता
5. पैग़ाम लाने-ले जानेवाला,
6. उपनाम

14

मुहब्बत में आराम सब चाहते हैं
मगर हज़रते-दाग़ कब चाहते हैं

क़यामत बपा हो नुजूले-बला[1] हो
यही आजकल रोज़ो-शब[2] चाहते हैं

न जन्नत की हसरत न हूरों[3] की पर्वाह
न कोई ख़ुशी का सबब[4] चाहते हैं

न तफ़्री हो-आसाइशे दिल[5] कि ख़्वाहिश
न सामाने-ऐशो-तरब[6] चाहते हैं

ग़मे-हिज्र[7] से दाग़ मजबूर होकर
कभी जो न चाहा था अब चाहते हैं

1. बलाओं का आना
2. रात दिन
3. अप्सराएँ
4. कारण
5. दिल का आराम
6. सुख-आराम का सामान
7. विरह की पीड़ा

15

तुम्हारे ख़त में नया इक सलाम किस का था
न था रक़ीब तो आख़िर वो नाम किस का था

वफ़ा करेंगे, निबाहेंगे, बात मानेंगे
तुम्हें भी याद है कुछ ये कलाम[1] किस का था 1. कथन

रहा न दिल में वो बेदर्द और दर्द रहा
मुक़मि[2] कौन हुआ है मक़ाम किस का था 2. मकान के निवासी

गुज़र गया वो ज़माना कहूँ तो किस से कहूँ
ख़याल दिल को मेरे सुब्हो-शाम किस का था

हमारे ख़त के तो पुर्ज़े किये पढ़ा भी नहीं
सुना जो तूने बदिल[3] वो पयाम किस का था 3. दिल से

16

तू है मशहूर दिल-आज़ार[1] ये क्या
तुझ पे आता है मुझे प्यार ये क्या
तेरी आँखें तो बहुत अच्छी हैं
सब इन्हें कहते हैं बीमार ये क्या
वहशते-दिल[2] के सिवा उलफ़त में
और है सैकड़ों आज़ार ये क्या
जानता हूँ कि मेरी जान है तू
और मैं जान से बेज़ार[3] ये क्या

1. दिल दुखानेवाला
2. दिल की दीवानगी
3. ऊबना

17

जब जवानी का मज़ा जाता रहा
ज़िन्दगानी का मज़ा जाता रहा
वो क़सम खाते हैं अब हर बात पर
बदगुमानी[1] का मज़ा जाता रहा
ग़ैर पर लुत्फ़ो-करम होने लगा
मेहरबानी का मज़ा जाता रहा
दास्ताने-इश्क़[2] जब ठहरी ग़लत
हर कहानी का मज़ा जाता रहा
दाग़ ही के दम से था लुत्फ़े-सुख़न[3]
खुशबयानी[4] का मज़ा जाता रहा

1. शकोशुबहा
2. प्रेम कथा
3. काव्यानन्द
4. सुन्दर कहन

18

साथ शोख़ी के कुछ हिजाब[1] भी है 1. लाज
इस अदा का कहीं जवाब भी है

इश्क़ बाज़ी को है सलीक़ा शर्त
ये गुनह भी है और सवाब भी है

कुछ मुझे यास कुछ मुझे उम्मीद
सब्र के साथ इज़्तराब भी है

होश में हो तो कुछ कहें तुम से
नश्शा भी है ख़ुमारे-ख़्वाब[2] भी है 2. सपनों का नशा

दाग़ का कुछ पता नहीं मिलता
कहीं वो ख़ानमाँ-ख़राब[3] भी है 3. बेघर

19

मिल गयी बेख़ुदी-ए-शौक़[1] में राहत कैसी 1. इश्क़ की बेहोशी
हो गयी दोनों जहाँ से मुझे फ़ुरसत कैसी

ख़्वारिये इश्क़[2] का रुतबा कोई हम से पूछे 2. प्रेम का अपमान
ऐसी ज़िल्लत की किया करते हैं इज़्ज़त कैसी

बेमहल[3] बात भली भी तो बुरी होती है 3. बेमौक़ा
शुक्र करते हुए डरता हूँ शिकायत कैसी

थे कहाँ रात को आईना तो ले कर देखो
और होती है ख़तावार[4] की सूरत कैसी 4. अपराधी

धमकियाँ देते हो तुम जज़्ब-ए-दिल की ऐ दाग़
बन्दापरवर ये मुहब्बत में हुकूमत कैसी

20

दिल को क्या हो गया ख़ुदा जाने
क्यों है ऐसा उदास क्या जाने

कह दिया मैंने राज़ेदिल अपना
इसको तुम जानो या ख़ुदा जाने

जानते जानते ही जानेगा...!
मुझ में क्या है अभी वो क्या जाने

क्या हम उस बदगुमाँ[1] से बात करें
जो सताइश[2] को भी गिला जाने

तुम न पाओगे सादादिल मुझ सा
जो तग़ाफ़ुल[3] को भी हया जाने

1. शक्की
2. प्रशंसा
3. नाराज़गी

21

कुछ जफ़ा भी है कुछ वफ़ा भी है
दिल लगी का यही मज़ा भी है

ज़िन्दगी और इस ज़माने की
ऐसे जीने का कुछ मज़ा भी है

हाँ ज़रा फिर क़सम तो खालीजे
आज कल झूठ में मज़ा भी है

हाले दिल मेरा कब हुवा पूरा
कुछ कहा भी है कुछ रहा भी है

इसको आशिक़ भी लोग कहते हैं
दाग़ का नाम दूसरा भी है

22

मिटे दाग़े-दिल आरज़ू रह गयी
चमन उड़ गया और बू[1] रह गयी   1. सुगन्ध

कहाँ दिल में अब आरज़ू रह गयी
वो मुद्दत से बन कर लहू[2] रह गयी   2. रक्त

शबे-वस्ल[3] की क्या कहूँ दास्ताँ   3. मिलन की रात
ज़बाँ थक गयी गुफ़्तुगू रह गयी

दिखा कर झलक कौन चलता हुआ
नज़र ढूँढ़ती चारसू[4] रह गयी   4. चारों ओर

गया दिल, गया दाग़ उस् बज़्म में
ग़नीमत हुवा आबरू[5] रह गयी   5. इज़्ज़त

23

गर मेरे बुते-होशरुबा[1] को नहीं देखा
उस देखने वाले ने ख़ुदा को नहीं देखा

जिस शक्ल से हँसते हैं मेरे हाल पे एहबाब[2]
रोते हुए यूँ अहले-अज़ा[3] को नहीं देखा

अग़ियार[4] के नाले तो बहुत तुम ने सुने हैं
मज़लूम[5] की तासीरे-दुआ[6] को नहीं देखा

अफसोस कि फुरसत में कभी ग़ौर से तुमने
अफ़सान-ए अरबाबे वफ़ा[7] को नहीं देखा

जब दाग़ को ढूँढ़ा किसी बुतख़ाने[8] में पाया
घर में कभी इस मर्दे-ख़ुदा को नहीं देखा

1. होश उड़ानेवाली प्रेमिका
2. मित्र
3. सोग करनेवाले
4. दुश्मन
5. पीड़ित, 6. दुआ का असर
7. प्रेमियों की गाथा
8. मूर्ति-स्थल

24

सबात[1], बहरे-जहाँ[2] में अपना फ़क़त मिसाले-हबाब[3] देखा
न ज़ोश देखा, न शोर देखा, न मौज देखी, न आब[4] देखा

सुरुरो ऐशो-निशात-कैसे[5] बदल गये रंग ही जहाँ के
सुना न कानों से था जो हमने वह आँख से इन्क़िलाब[6] देखा

जो राह में तेरी आके बैठे, वो फ़िक्रे दैरो-हरम[7] से छूटे
कि तेरे कूचे के साकिनों[8] ने बहिश्त[9] में भी अज़ाब देखा

जो तुझ को पाया तो कुछ न पाया, ये ख़ाकदाँ हम ने ख़ाक पाया
जो तुझ को देख तो कुछ न देखा, तमाम आलम[10] ख़राब देखा

शराबे-ग़फ़लत से दाग ग़श[11] थे, दिखाए ग़फ़लत ने क्या तमाशे
कि सोते सोते जो चौंक उट्ठे मगर[12] कोई तुम ने ख्वाब देखा

1. मज़बूती, 2. विश्वसागर, 3. बुलबुले जैसा, 4. जल, 5. ख़ुशी और आराम का नशा, 6. तब्दीली, 7. मन्दिर-मस्जिद, 8. रहने वाले, 9. जन्नत, 10. संसार, 11. बेहोश, 12. शायद

25

सितम ही करना जफ़ा ही करना निगाहे-उल्फ़त कभी न करना,
तुम्हें क़सम है हमारे सर की हमारे हक़ में कमी न करना

कहाँ का आना कहाँ का जाना वो जानते ही नहीं ये रस्में
वहाँ है वादे की भी ये सूरत, कभी तो करना कभी न करना

हमारी मय्यत पे तुम जो आना तो चार आँसू बहा के जाना
ज़रा रहे पासे-आबरू[1] भी, कहीं हमारी हँसी न करना

वो इक हमारा तरीक़े-उल्फ़त[2] कि दुश्मनों से भी मिल के चलना
ये एक शेवा[3] तेरा सितमगर, कि दोस्त से दोस्ती न करना

बुरी है ऐ दाग़ राहे-उल्फ़त[4] ख़ुदा न ले जाये ऐसे रस्ते
जो अपनी तुम ख़ैर चाहते हो तो भूल कर दिल लगी न करना

1. इज़्ज़त का ख़याल, 2. प्रेम का ढंग, 3. तरीक़ा 4. प्रेम पथ

26

ग़ज़ब किया तेरे वादे का एतबार किया
तमाम रात क़यामत का इन्तिज़ार किया

तुझे तो वादा-ए-दीदार[1] हमसे करना था
ये क्या किया कि जहां को उमीदवार किया

हम ऐसे महवे-नज़ारा[2] न थे जो होश आता
मगर तुम्हारे तग़ाफ़ुल[3] ने होशियार किया

भुला भुला के जताया है उनको राज़े-निहाँ[4]
छुपा छुपा के मुहब्बत को आशकार[5] किया

फ़साना-ए-शबेग़म[6] उनको इक कहानी थी
कुछ एतबार किया कुछ न एतबार किया

1. दर्शन का वचन
2. दर्शक
3. नाराज़गी
4. गुप्त भेद
5. ज़ाहिर
6. ग़म की रात की कथा

27

हम ने उनके सामने पहले तो ख़ंजर रख दिया
फिर कलेजा रख दिया, दिल रख दिया, सर रख दिया

क़तर-ए-ख़ूने जिगर[1] सी की तवाज़ो[2] इश्क़ की
सामने मेहमान के जो था मयस्सर[3] रख दिया

1. जिगर के ख़ून की बूँद, 2. सेवा
3. उपलब्ध

ज़िन्दगी में पास से दम भर न होते थे जुदा
क़ब्र में तन्हा मुझे यारों ने क्यों कर रख दिया

देखिये अब ठोकरें खाती है किस किस की निगाह
रोज़ने-दीवार[4] में ज़ालिम ने पत्थर रख दिया

4. दीवार का छेद

जुल्फ ख़ाली, हाथ ख़ाली किस जगह ढूँढ़ें इसे
तुम ने दिल ले कर कहाँ ऐ बन्दापरवर रख दिया

28

ख़ातिर से या लिहाज़ से मैं मान तो गया
झूठी क़सम से आप का ईमान तो गया

देखा है बुतकदे[1] में जो ऐ शैख़ कुछ न पूछ
ईमान की तो ये है कि ईमान तो गया

दिल लेके मुफ़्त कहते हैं कुछ काम का नहीं
उल्टी शिकायतें हुईं एहसान तो गया

अफ़्शा-ए-राज़े इश्क़[2] में गो ज़िल्लते हुईं
लेकिन उसे जता तो दिया जान तो गया

होशो-हवासो[3] ताबो-तवाँ[4] दाग़ जा चुके
अब हम भी जाने वाले हैं सामान तो गया

1. मूर्तिगृह
2. इश्क़ के राज़ का खुलना
3. इंद्रियाँ
4. शक्ति और हौसला

29

तू न कर नख़वते-शबाब[1] बहुत
हमने देखे हैं इन्क़िलाब[2] बहुत

आये जन्नत से फिर न दुनिया में
बे मज़ा हो गया सवाब बहुत

शाम होने तो दो चले जाना... !
है अभी तेज़ अफ़्ताब[3] बहुत

कुछ समझ कर वो हो रहे ख़ामोश
थे मेरी बात के जवाब बहुत

शोलारु[4] सैकड़ों नज़र आए
हैं ज़मीं पर भी आफ़्ताब बहुत

1. यौवन पर गर्व
2. परिवर्तन
3. सूर्य
4. आग जैसे चेहरे

30

शोख़ी से ठहरती नहीं क़ातिल की नज़र आज
ये बर्क़-बला[1] देखिये गिरती है किधर आज

वो जाते हैं, आती है क़यामत की सहर आज
रोता है गले मिल के दुआओं से असर आज

रोका ही किया रश्क बिठाता ही रहा ज़ोफ़[2]
बेताबी-ए-दिल ले ही गयी ग़ैर के घर आज

ये शौक़, ये अरमान, ये हसरत, ये तमन्ना
क्या हो मेरे क़ाबू में तुम आ जाओ अगर आज

1. मुसीबत की बिजली
2. कमज़ोरी

31

फ़ुग़ाँ[1] में, आह में, फ़रियाद में, शेवन[2] में, नाले में
सुनाऊँ दर्दे-दिल ताक़त अगर हो सुनने वाले में

1. ठंडी साँस भरना
2. विलाप

तुम्हारा उठके आना और मरीज़े ग़म का मर जाना
मेरी जाँ फ़र्क़ होता है सँभलने में सँभाले में

ख़बर सुन कर मेंरे मरने की वो बोले रक़ीबों से
ख़ुदा बख़्शे बहुत सी ख़ूबियाँ[3] थीं मरने वाले में

3. अच्छाइयाँ

मिले मुझ से तो फ़रमाया तुम्हीं को दाग़ कहते हैं
तुम्हीं हो माहे-कामिल[4] में तुम्हीं रहते हो लाले[5] में

4. पूराचाँद
5. एक जंगली फूल जो अंदर से काला होता है

32

न समझा उम्र गुज़री उस बुते-खुद सर[1] को समझाते
पिघल कर मोम हो जाता अगर पत्थर को समझाते

हमारी कौन सुनता है वगरना हम दमे-रुखसत[2] !
इधर कुछ दिल को समझाते उधर दिलबर को समझाते

हुए मुलज़िम हमें समझाके तुम ऐ हज़रते नासेह[3]
समझकर बन्दा परवर ऐसे दानिशवर[4] को समझाते

शबे-फुरकत[5] तड़पना दाग़ का देखा नहीं जाता
गुज़र जाती है सारी रात सारे घर को समझाते

1. गर्वमयी नायिका
2. विदाई के समय
3. नसीहत करनेवाला
4. बुद्धिमान
5. बिरहा की रात

33

क्या तर्ज़े-कलाम[1] हो गयी है
हर बात पयाम हो गई है

कुछ ज़हर न थी शराबे-अंगूर
क्या चीज़ हराम हो गयी है

आगे तो कभी नहीं नहीं थी
अब तकिया-कलाम[2] हो गयी है

पहुँचे हैं जब उसकी बज़्म में हम
मजलिस ही तमाम हो गयी है

जागीर-जुनूं की क़ैस[3] के बाद
अब दाग़ के नाम हो गयी है

1. बात करने का ढंग
2. बार-बार दोहरानेवाला वाक्य
3. मजनूं

34

सबक ऐसा पढ़ा दिया तू ने
दिल से सब कुछ भुला दिया तू ने

लाख देने का एक देना है
दिले-बेमुद्दआ[1] दिया तू ने

कहीं मुशताक़[2] से हिजाब हुवा
कहीं पर्दा उठा दिया तू ने

जिस क़दर मैंने तुझ से ख़्वाहिश की
उससे मुझ को सिवा दिया तू ने

मुझ गुनहगार को जो बख़्श दिया
फिर जहन्नुम[3] को क्या दिया तू ने

दाग़ को कौन देने वाला है
जो दिया ऐ खुदा दिया तू ने

1. इच्छा मुक्त दिल
2. चाहनेवाला
3. नरक

35

ग़म उठाने के वास्ते दम है
ज़िन्दगी है अगर तो क्या ग़म है

क्या नये दोस्तों से बिगड़े आज
दुश्मनों का कुछ और आलम है

इक जहाँ मेहरबाँ हुवा तो क्या
मेहरबानी तेरी मुकद्दम[1] है

कहते हो कुछ कहूँ, कहूँ क्या ख़ाक
जानता हूँ मिज़ाज बरहम[2] है

1. अधिक आवश्यक
2. नाराज़

36

ऐब निकला जो हुनर[1] पैदा किया   1. कला
हम ने खोया जिस क़दर पैदा किया
चुटकियाँ लेने लगा कुछ दिल में दर्द
इश्क़ ने कम कम असर पैदा किया
खोए देता है मुझे दुनिया से वह
जिसको मैं ने ढूँढ़ कर पैदा किया
शर्म है पैदा किये की उसके हाथ
जिस ने मुझ को बेहुनर[2] पैदा किया   2. कलाहीन

37

एक ही रंग है सब से ये तमाशा कैसा
कोई कैसा है कोई चाहने वाला कैसा
तुम सलामत हो तो हर रोज़ क़यामत होगी
हम भी देखेंगे तमाश पः तमाशा कैसा
मुझको ये शिकवा[1] कि इक़रारे-वफ़ा[2] झूठा था
उनको ये नाज़, किया हमने ये वादा कैसा
नामाबर[3] तूने भी देखा है उसे सच कहना
घात कैसी है फबन कैसी है नक़्शा कैसा
ग़ैर का ज़िक्र करें और हमारे आगे…
दाग़ इस बात से जलता है कलेजा कैसा

1. शिकायत, 2. प्रेमवचन

3. पत्र लाने-ले जानेवाला

38

सुल्ह में तकरार बाक़ी रह गयी
कुछ कसर हर बार बाक़ी रह गयी

जल्व-ए-दीदार[1] ने बेख़ुद[2] किया
हसरते दीदार बाक़ी रह गयी

1. दर्शन की झलक, 2. बेहोश

मरहले[3] तय इश्क़ के अक्सर हुए
मंज़िले-दुश्वार बाक़ी रह गयी

3. मुश्किलें

बारहा उसने सफ़ाई हमसे की
कुछ ख़लिश हर बार बाक़ी रह गयी।

दाग़ का दिल हो गया दुनिया से सर्द[4]
गर्मी-ए-अश्-आर[5] बाक़ी रह गयी

4. ठंडा
5. शेरों की गरिमा

39

आगाह[1] हुए हैं जो मेरे ज़ख़्मे जिगर से
अब आँख चुराते हैं वो अपनी भी नज़र से

उस अंजुमने-नाज़[2] से आया हूँ बहुत ख़ुश
अल्लाह बचाए मुझे अपनी भी नज़र से

काबे से निकल के रहे बुत दिल में किसी के
अल्लाह के घर में गये अल्लाह के घर से

भूला न कभी क़ाफ़िल-ए-मुल्के अदम[3] राह
जाता है उधर ही को ये आता है जिधर से

1. परिचित
2. प्रेमिका की सभा
3. परलोक सिधारनेवाला समूह

40

काबे की है हवस[1] कभी कूए-बुताँ[2] की है
मुझको ख़बर नहीं मेरी मिट्टी कहाँ की है

1. चाहना, 2. मन्दिर

कुछ ताज़गी हो लज़्ज़ते-आज़ार[3] के लिये
हर दम मुझे तलाश नये आसमाँ की है

3. दुख का आनन्द

हसरत बरस रही है हमारे मज़ार पर
कहते हैं सब ये क़ब्र किसी नौजवाँ की है

क्योंकर न आते ख़ुल्द[4] से आदम ज़मीन पर
मौज़ूँ वहीं वो ख़ूब हैं जो शै जहाँ की है

4. स्वर्ग

उर्दू है जिसका नाम हमी जानते हैं दाग़
हिन्दोस्ताँ में धूम हमारी ज़बाँ की है।

41

ज़माना है ख़फ़ा मुझ से कि तुम से
गिले[1] पर है गिला मुझ से कि तुम से

न कहना फिर कि हम क़ातिल नहीं हैं
हुवा ख़ूने-हिना[2] मुझ से कि तुम से

छुपा क्यों चाँद बदली में शबे-वस्ल
उसे आई हया मुझ से कि तुम से

मुझे मालूम था या तुम को मालूम
वो राज़ अफ़्शा[3] हुआ मुझ से कि तुम से

1. शिकायतें
2. पिसी हुई मेहंदी
3. ज़ाहिर

42

क्या कहिये किस तरह से जवानी गुज़र गयी
बदनाम करने आई थी बदनाम कर गयी।

क्या क्या रही सहर को शबे-वस्ल की तलाश
कहता रहा अभी तो यहीं थी किधर गयी

रहती है कब बहारे जवानी तमाम उम्र
मानिन्दे-बूए-गुल[1] इधर आयी उधर गयी

नैरंगे रोज़गार[2] से बदला न रंगे-इश्क़
अपनी हमेशा एक तरह पर गुज़र गयी

1. फूल की सुगन्ध के समान

2. समय के परिवर्तन

43

जिसके पहलू में हो तुम उसका नसीब अच्छा है
मेरी दानिस्त[1] में तुम से भी रक़ीब[2] अच्छा है

मरज़े-इश्क़ ही आफ़त है, वगरना हमने···
की दवा उसकी सुना जिसको, तबीब[3] अच्छा है

ऐ दहन[4] तेरे लिये हर्फ़े-दुआ[5] है बहतर
ऐ ज़बाँ तेरे लिये ज़िक्रे-हबीब[6] अच्छा है

बैठे नावक[7] की तरह उट्ठे क़यामत की तरह
ये अदब जिसने सिखाया वो अदीब[8] अच्छा है।

1. ख़याल से, 2. एक स्त्री के दो चाहनेवाले एक दूसरे के रक़ीब होते हैं,
3. हकीम
4. मुँह, 5. दुआ का अक्षर
6. प्रेमिका का ज़िक्र
7. तीर
8. लेखक

44

इन आँखों ने क्या क्या तमाशा न देखा
हक़ीक़त में जो देखना था न देखा

वो क्या देख सकता है उसकी तजल्ली[1]
जिस इन्सान ने अपना जल्वा न देखा

बहुत शोर सुनते थे उस अंजुमन[2] का
यहाँ आके जो कुछ सुना था न देखा

उसे देख कर और को भी जो देखे
कोई देखने वाला ऐसा न देखा... !

तेरी याद है या है तेरा तसव्वुर[3]
कभी दाग़ को हमने तन्हा न देखा

1. प्रकाश
2. सभा
3. कल्पना

45

लेके दिल वो छेड़ से कुछ कह गया
देखते का देखता मैं रह गया··· !

चाँद से चेहरे पे क्यों डाली नक़ाब
चाँद ये कैसा गहन में गह गया

हाए मेरी ख़स्तगी-ओ-मान्दगी[1]
क़ाफ़िला सब चल दिया मैं रह गया

इस क़दर गर्दिश[2] में था मेरा गुबार[3]
साथ फिर कर आसमाँ रह रह गया

दाग़ से उट्ठा न इक रश्के-रक़ीब[4]
जो सितम सहने के थे वो सह गया

1. थकन तथा टूटन

2. चक्र, 3. उड़ती धूल

4. रक़ीब की जलन—किसी स्त्री से दो प्रेम करने वाले परस्पर रक़ीब होते हैं।

46

राह देखेंगे न दुनिया से गुज़रने वाले
हम तो जाते हैं ठहर जाएँ ठहरने वाले

एक तो हुस्न बला उस पे बनावट आफ़त
घर बिगाड़ेंगे हज़ारों के सँवरने वाले

तेरे गेसू-ए-परेशां[1] न करें, सौदाई[2]
सर न हो जाएँ किसी के ये बिखरने वाले

1. बिखरे बाल, 2. दीवाना

हश्र[3] में लुत्फ़ हो जब उनसे हों दो दो बातें
वो कहें कौन हो तुम, हम कहें मरने वाले

3. परलोक

हज़रते-दाग़ जहाँ बैठ गये बैठ गये··· !
और होंगे तेरी महफ़िल से उभरने वाले

47

खूब अब देख लिये तौर तुम्हारे हमने
दिन मुसीबत के गुज़ारे सो गुज़ारे हम ने

रहे बरहम[1] ही तेरी ज़ुल्फे परेशां की तरह
काम बिगड़े हुए हर चन्द सँवारे हमने

तंगी-ए-गोश-ए-ज़िन्दाँ[2] के जो हम ख़ूगर[3] थे
गोर[4] में भी न कभी पाँव पसारे हम ने

कुछ तो पाया है मुहब्बत की मुसीबत में मज़ा
ऐशो-आराम किये तर्क[5] जो सारे हम ने।

मतलब ऐ दाग़ नहीं दैरो-हरम[6] से हम को
बिस्तर अपना तो किया सब से किनारे हम ने

1. परेशान
2. कैदख़ाने की तंगी, 3. आदी
4. कब्र
5. त्यागना
6. मन्दिर-मस्जिद

48

आँखों से लड़े गेसु-ए-ख़मदार[1] से उलझे
ये हज़रते दिल रोज ही दो चार से उलझे

होने न दिया रश्क ने इज़हारे-तमन्ना[2]
हर बात में हम अपनी ही गुफ़्तार[3] से उलझे

आने न दिया उनको तो शोख़ी ने मेरे साथ
हर गाम[4] पे वो तेज़ी-ए-रफ़्तार से उलझे… !

भूले से भी पहुँचे न तेरे घर में कभी हम
बरसों यूँ ही ख़ारे-सरे-दीवार[5] से उलझे…

1. लहरदार बाल
2. इच्छा की अभिव्यक्ति
3. बोली
4. पग
5. दीवार के काँटे

49

शोख़ी में उनकी छेड़ है कुछ इज़्तराब[1] की — 1. बेचैनी
घर कर गयी वफ़ा किसी ख़ाना-ख़राब[2] की — 2. बेघर

उस रुए-बेनक़ाब[3] का जल्वा हुवा नक़ाब — 3. खुला चेहरा
निकली है रंग रंग से सूरत हिजाब[4] की — 4. लाज

जुंबिश में यूँ हैं वो लबे-नाज़ुक[5] नफ़स[6] के साथ — 5. नाज़ुक होंठ, 6. साँस
जैसे हिले नसीम[7] से पत्ती गुलाब की — 7. मन्द समीर

गुस्से से और रंग तेरा शोख़[8] हो गया — 8. चंचल
अच्छी बनी बिगाड़ में सूरत जनाब की

दर-पर्दा जोशे-हुस्न[9] ने बेपर्दा कर दिया — 9. सौन्दर्य का उभार
टूटी गिरह तड़ाक़ से बन्दे-नक़ाब की[10] — 10. नक़ाब के बन्द

50

वस्ल[1] के ऐश में सब हिज्र[2] के ग़म भूल गये
याद रखना था हमें जिसको वो हम भूल गये

1. मिलन, 2. बिछड़ना

वादा-ए-वस्ल[3] क़यामत में भी न होगा वफ़ा[4]
वाँ भी कहियेगा, 'तेरे सर की क़सम भूल गये'

3. मिलन का बचन, 4. पूरा,

न तमन्ना-ए-सितम[5] याँ न वहाँ मश्क़े-जफ़ा[6]
वो हमें भूल गये अब उन्हें हम भूल गये

5. दुख की कामना, 6. बेवफ़ाई का अभ्यास,

कुछ अजब तौर कटी बेख़ुदी-ए-शौक़[7] में राह
दो क़दम ठीक चले चार क़दम भूल गये

7. प्रेमोन्माद

लेके दिल आप जिगर छोड़ गये सीने में
इक रक़म याद रही एक रक़म भूल गये

51

ऐ फ़लक चाहिए जी भर के नज़ारा हमको
जाके आना नहीं दुनिया में दोबारा हमको

हम किसी ज़ुल्फ़े-परेशां की तरह ऐ तक़दीर
ख़ूब बिगड़े थे मगर ख़ूब सँवारा हमको

शुक्र सद शुक्र कि अब क़ब्र में हम जा पहुँचे
तौसने-उम्र[1] ने मंज़िल पे उतारा हमको

बदसुलूकी में मज़ा क्या है मज़ा है इस में
कि हमारा हो तुम्हें पास[2] तुम्हारा हमको

बहरे-हस्ती में[3] हुए कश्ति-ए-तूफ़ाँ[4] हमतो
नहीं मिलता है कहीं, दाग़ किनारा हमको

1. उम्र का अश्व
2. खयाल
3. जीवन सागर
4. मझधार में घिरी नाव

52

अरस-ए-हश्र[1] में अल्लाह करे गुम मुझको
और फिर ढूँढ़ते घबराए फिरो तुम मुझको

जब गई कह के गई, मेरी दुआ से तासीर[2]
गुम करे तुझको ख़ुदा, तूने किया गुम मुझको

क्यों न हैरान-परेशान हों सुनने वाले
मैं भला तुम को कहूँ और बुरा तुम मुझको

सह्म जाती है ख़ुशी डरती है फ़रहत[3] मुझ से
कभी आता है तो दुज़दीदा-तबस्सुम[4] मुझको

मैं भी हैरान हूँ ऐ दाग़ किन्है ये. क्या बात
वादा वो करते हैं आता है तबस्सुम मुझको

1. परलोक का मैदान
2. असर
3. ख़ुशी
4. छुपी मुस्कान

53

वो तरीक़े-मेहूरो-रहे वफ़ा[1] तुम्हें याद हो कि न याद हो
तुम्हें रोज़ याद दिलाऊँगा तुम्हें याद हो कि न याद हो

किया पहले ख़त में बहुत रक़म[2] कहा फिर ज़बान से अपना ग़म
मगर इस पे भी मेरा माजरा[3] तुम्हें याद हो कि न याद हो

चढ़े जेहन पर न ज़बाँ पर अब मेरे चार हर्फ़े विसाल जब
तो फिर आगे कहने का लुत्फ़ क्या, तुम्हें याद हो कि न याद हो

ये कहाँ कि बैठो हज़ार में तुम्हें शर्म आती थी चार में
ये तो दो ही दिन का है माजरा तुम्हें याद हो कि न याद हो

वो जो दाग़, सेहूरबयाँ[4] रहा कि सनागर[5] उसका जहाँ रहा
कोई शेर उसका बुरा भला तुम्हें याद हो कि न याद हो

1. प्रेम पथ के तरीक़े, 2. लिखना, 3. क़िस्सा, 4. जादू बयान, 5. प्रशंसक

54

जौहर दिखाओ साहिबे-जौहर[1] के रूबरू[2]
है क़द्र आईने की सिकन्दर के रूबरू

1. जौहरी-पारख, 2. समक्ष

कहता है सर्व[3] शाख़े-समरवर[4] को देख कर
मुफ़लिस है बेवक़ार[5] तवंगर[6] के रूबरू

3. एक लंबे वृक्ष का नाम
4. फलदार डाल, 5. अपमानित
6. अमीर

आँसू बहा रहा हूँ ख़ते-यार पढ़के मैं
यूँ दाना डालता हूँ कबूतर के रूबरू

हासिल हुई भी अक़्ले-फ़लातूँ[7] अगर तो क्या
चलती नहीं किसी की मुक़द्दर के रूबरू

7. प्लेटो समान अक़्ल

ऐ दाग़ होगा हम से किसी का जवाब क्या
मिक़दारे-चश्मा[8] क्या है समन्दर के रूबरू

8. झील का आकार

55

खुदा दे तो दे अपना ग़म हर किसी को
करे पर न माइल[1] किसी पर किसी को — 1. आशिक़

न जाऊँगा तन्हा बहिश्ते-बरी[2] में — 2. स्वर्ग
कि ले जाऊँगा दिल के अंदर किसी को

ये बिजली नहीं जिसकी इक सैर करते
तड़प जाओ देखो जो मुज़्तर[3] किसी को — 3. बेचैन

मुहब्बत में जिस जा[4] गये, लुट गये हम — 4. स्थान
लिया दिल किसी ने दिया सर किसी को

ये कहती है ऐ दाग़ चितवन तुम्हारी
कि तुम चाहते हो मुकर्रर[5] किसी को — 5. दोबारा

56

गले मिला है वो मस्ते शबाब बरसों में
हुआ है दिल को सुरूरे-शराब बरसों में

निगाहे-मस्त से उसकी हुवा ये हाल मेरा
कि जैसे पी हो किसी ने शराब बरसों में

न क्यों हो नाज़ मुझे अपने दिल पर ऐ ज़ालिम
किया है तू ने जिसे इन्तिख़ाब[1] बरसों में

1. चयन

ख़ुदा करे कि मज़ा इन्तिज़ार का न मिटे
मेरे सवाल का वो दें जवाब बरसों में

हया-ओ-शर्म[2] तुम्हारी गवाह है इसकी
हुवा है आज कोई कामियाब बरसों में

2. लाज-शरम

57

चाक हो पर्दा-ए-वहशत[1] मुझे मंजूर नहीं
वर्ना ये हाथ गरेबान से कुछ दूर नहीं

दिल को होती है ख़बर आप कहें या न कहें
हम को मालूम है वो बात जो मशहूर नहीं

लब तक आई थी शिकायत कि मुहब्बत ने कहा
देख पछताएगा, ख़ामोश, ये दस्तूर[2] नहीं

तुम ने दी कोहकनो-क़ैस[3] से मुझ को निसबत
कोई दीवाना नहीं, मैं कोई मज़दूर नहीं

रात दिन नामा-ओ-पैग़ाम[4] कहाँ तक होंगे
साफ़ कह दीजिए मिलना मुझे मंजूर नहीं

1. दीवानगी का पर्दा
2. नियम
3. फ़रहाद और मजनूं
4. पत्र-व्यवहार

58

मज़े इश्क़ के बस वही जानते हैं
कि जो मौत को ज़िन्दगी जानते हैं

नहीं जानते इसका अंजाम[1] क्या है
वो मरना मेरा दिल लगी जानते हैं।

शबे-वस्ल[2] लीं उनकी इतनी बलाएँ
कि हम दम मेरे हाथ ही जानते हैं

कहूँ हाले-दिल तो कहीं इस से हासिल[3]
सभी को ख़बर है सभी जानते हैं

समझता है तू दाग़ को रिन्द[4] ज़ाहिद[5]
मगर रिन्द उसको वली जानते हैं

1. अंत
2. मिलन की रात
3. नतीजा
4. शराबी, 5. सात्विक

59

फ़लक[1] देता है जिनको ऐश उनको ग़म भी होते हैं
जहाँ बजते हैं नक़्क़ारे वहाँ मातम भी होते हैं

गिले शिकवे कहाँ तक होंगे आधी रात तो गुज़री
परेशाँ तुम भी होते हो परेशाँ हम भी होते हैं

हमारे आँसुओं की आबदारी[2] और ही कुछ है
कि यूँ होने को रौशन गौहरे-शबनम[3] भी होते हैं

हमारे साथ ही पैदा हुवा है इश्क़ ऐ नासेह[4]
जुदाई किस तरह से हो जुदा तो हम भी होते हैं

तबीअत की कजी[5] हरगिज़ मिटाए से नहीं मिटती
कभी सीधे तुम्हारे गेसु-ए-पुर-ख़म[6] भी होते हैं

1. आकाश
2. चमक
3. ओस के मोती
4. नसीहत करनेवाला
5. टेढ़
6. बलदार बाल

60

नज़र चुरा के वो यूँ हर बशर[1] को देखते हैं   1. मनुष्य
किसी को ये नहीं साबित किधर को देखते हैं

बने हुए हैं वो महफ़िल में सूरते-तस्वीर
हरेक को ये गुमाँ[2] है इधर को देखते हैं   2. शक

हमें गुमान ये होता है, हम को रोता है
किसी जगह जो किसी नौहागर[3] को देखते हैं   3. पेशावर रोनेवाला

किसी से कुछ नहीं मतलब कि देखने वाले
तुम्हारी आँख तुम्हारी नज़र को देखते हैं

हया[4] तो देखिये आईने से भी पर्दा है   4. लाज
वो अपने हाथ ही पहले सहर[5] को देखते हैं   5. सवेरा

61

जल्वे मेरी निगाह में कौनो-मकाँ[1] के हैं
मुझ से कहाँ छुपेंगे वो ऐसे कहाँ के हैं

1. लोक-परलोक

जिस दिन से कुछ शरीक[2] हुई मेरी मुश्ते ख़ाक[3]
उस रोज़ से ज़मीं पे सितम आसमाँ के हैं

2. सम्मिलित, 3. मुट्ठी भर ख़ाक अर्थात् जीवन

क्या इज़तराबे-शौक़[4] ने मुझ को ख़जिल[5] किया
वो पूछते हैं कहिये इरादे कहाँ के हैं

4. प्रेम पीड़ा, 5. लज्जित

क़ासिद यहाँ से बर्क़[6] था पर निस्फ़[7] राह में
बीमार की है चाल क़दम नातवाँ[8] के हैं

6. बिजली, 7. आधी
8. कमज़ोर

आशिक़ तेरे अदम[9] को गये किस क़दर तबाह
पूछा हर एक ने ये मुसाफ़िर कहाँ के हैं

9. परलोक

62

क्या कहा फिर तो कहो दिल की ख़बर कुछ भी नहीं
क्यों ये क्या है ख़मे-गेसू[1] में अगर कुछ भी नहीं — 1. बालों का बल

आँख पड़ती हैं कहीं पाँव कहीं पड़ता है
सब की है तुम को ख़बर अपनी ख़बर कुछ भी नहीं

इक जफ़ा[2] तेरी जो कुछ भी नहीं तो सब कुछ है — 2. बेवफ़ाई
इक वफ़ा मेरी कि सब कुछ है मगर कुछ भी नहीं

रात की रात का मेहमाँ है मरीज़े-हिज्राँ[3] — 3. बिरहा का रोगी
सुबह तुम आए तो क्या आए सहर कुछ भी नहीं

ऐब[4] बे ऐब है जब हद से गुज़र जाता है — 4. दोष
अब बजुज़[5] बेहुनरी मुझ में हुनर[6] कुछ भी नहीं — 5. सिवाए, 6. कला

63

दिल ही तो है न आए क्यों दम[1] ही तो है न जाए क्यों — 1. साँस
हम को ख़ुदा जो सब्र दे तुझ सा हसीं बनाए क्यों

गो नहीं बन्दगी कुबूल पर तेरा आस्ताँ[2] तो है — 2. चौखट
काबा-ओ-दैर[3] में है क्या, ख़ाक कोई उड़ाए क्यों — 3. काबा तथा मन्दिर

लाग हो या लगाव हो कुछ भी न हो तो कुछ नहीं
बन के फ़रिश्ता आदमी बज़्मे-जहाँ[4] में आए क्यों — 4. विश्वसभा

जुर्रते-शौक़[5] फिर कहाँ वक़्त ही जब निकल गया — 5. प्रेम शक्ति-हिम्मत,
अब तो हैं ये निदामतें[6] सब्र किया था हाए क्यों — 6. शर्मिन्दगी

रोने पे मेरे वो हँसे रंज पे मेरे शाद[7] हों — 7. ख़ुश
छेड़ में कुछ तो है मज़ा वर्ना कोई सताए क्यों

64

कहें क्या हम पे जो सदमे गुज़रते हैं गुज़रते हैं
लगाया जिस घड़ी दिल उस घड़ी को याद करते हैं

हम इस ग़फ़लत के सदक़े कोई दम छुटते तो हैं ग़म से
कि जिस दम होश आता है तो पहरों फ़िक्र करते हैं

कभी झुकता हूँ शीशे[1] पर, कभी गिरता हूँ साग़र पर
मेरी बेहोशियों से होश साक़ी के बिखरते हैं

अदा उन काले काले गेसुओं[2] की कुछ निराली है
बनाने से बिगड़ते हैं सँवारे से बिखरते हैं

न पूछो दाग़ हम से इन्तिज़ारे-यार की सूरत
ये आँखें जानती हैं ख़ूब जो नक़्शे गुज़रते हैं

1. शराब की बोतल
2. बालों

65

क्या क्या फ़रेब दिल को दिये इज़तराब[1] में
उनकी तरफ़ से आप लिखे ख़त जवाब में

1. बेचैनी

हूरों[2] का इन्तिज़ार करे कौन हश्र[3] तक
मिट्टी की भी मिले तो रवा[4] है शबाब में

2. अप्सराएँ, 3. महाप्रलय
4. जाइज़

जी चाहता है छेड़ के हूँ उस से हमकलाम[5]
कुछ तो लगेगी देर सवालो-जवाब में

5. सम्बोधन

ऐ शैख़ जो बताए मए-इश्क़[6] को हराम
ऐसे के दो लगाए भिगो कर शराब में

6. प्रेम मदिरा

66

लुत्फ़ आराम का नहीं मिलता
आदमी काम का नहीं मिलता

उस ने जब शाम का किया वादा
फिर पता शाम का नहीं मिलता

चर्ख़[1] पर जाके अर्ज़े-हाल करूँ[2]
रस्ता उस बाम[3] का नहीं मिलता

ज़र्फ़े बेमिस्ल[4] है दिले-पुरख़ूँ[5]
जोड़ इस जाम का नहीं मिलता

दाग़ की ज़िद से है तलाश उन्हें
कोई इस नाम का नहीं मिलता

1. आकाश, 2. हाल सुनाना
3. छत
4. बेमिसाल बर्तन, 5. खून भरा दिल

67

क्या कोई ज़माने में सितमगर नहीं होता
होता है मगर तेरे बराबर नहीं होता

रहज़न[1] ही से हम पूछते हैं राज़े मुहब्बत
जब हम को मयस्सर कोई रहबर[2] नहीं होता

हम जानते हैं आये हैं मातम को फ़रिश्ते
जिस बज़्म में शग़्ले-मओ-साग़र[3] नहीं होता

आदत है अजब चीज़, बुरी हो कि भली हो
मरता हूँ, जो बेचैन घड़ी भर नहीं होता

बेदाद[4] तेरी देख के ये हाल हुआ है
आशिक़ कोई दुनिया में किसी पर नहीं होता

1. लुटेरा
2. पथदर्शक
3. पीना-पिलाना
4. ज़ुल्म

68

कभी मस्जिद में जो वो शोख़ परीज़ाद[1] आया
फिर न अल्लाह के बन्दों को खुदा याद आया

छूट कर कुंजे-क़फ़स[2] से भी ये खटका न गया
जब सबा आई तो जाना वही सय्याद[3] आया

रात भर शोर रहा है तेरे हमसाए[4] में
किस के अर्मान भरे दिल को खुदा याद आया

दी मुअज़्ज़िन[5] ने शबे-वस्ल अज़ाँ पिछली रात
हाय कमबख़्त को किस वक़्त खुदा याद आया

लीजिए सुनिये अब अफ़्साना-ए-फ़ुरकत[6] मुझ से
आप ने याद दिलाया तो मुझे याद आया

1. जिसको परी ने जन्मा हो
2. पिंजड़ा
3. शिकारी-चिड़ीमार,
4. पड़ोस,
5. अज़ान देनेवाला
6. बिरहा की कथा

69

अजब अपना हाल होता जो विसाले-यार[1] होता
कभी जान सदके होती कभी दिल निसार[2] होता

जो तुम्हारी तरह तुम से कोई झूठे वादे करता
तुम्हीं मुनसिफ़ी[3] से कह दो तुम्हें ऐतबार होता !

ये मज़ा था दिल लगी का कि बराबर आग लगती
न तुझे क़रार होता न मुझे क़रार होता

तेरे वादे पर सितमगर अभी और सब्र करते
अगर अपनी ज़िन्दगी का हमें ऐतबार होता

न मज़ा है दुश्मनी में न है लुत्फ़ दोस्ती में
कोई ग़ैर ग़ैर होता कोई यार यार होता

1. प्रेम मिलन
2. क़ुर्बान
3. इन्साफ़ से

70

बाक़ी जहाँ में क़ैस न फ़रहाद[1] रह गया
अफ़्साना आशिक़ों का फ़क़त याद रह गया

यूँ आंख उनकी करके इशारा पलट गयी
गोया कि लब से होके कुछ इरशाद रह गया

वो दिन गये कि थी मेरे सीने में कुछ ख़राश[2]
अब दिल कहाँ है दिल का निशाँ याद रह गया

हैं तेरे दिल में सब के ठिकाने बुरे भले
मैं ख़ानमा खराब[3] ही बर्बाद रह गया

1. दो प्रेमियों के नाम
2. चुभन
3. बेघर

71

जो हो सकता है इस से वो किसी से हो नहीं सकता
मगर देखो तो फिर कुछ आदमी से हो नहीं सकता

न रोना है तरीके़ का न हँसना है सलीके़ का
परेशानी में कोई काम जी से हो नहीं सकता

किया है वाद-ए-फ़र्दा[1] उन्होंने देखिये क्या हो
यहाँ सब्रो-तहम्मुल[2] आज ही से हो नहीं सकता

ख़ुदा जब दोस्त है ऐ दाग़ क्या दुश्मन से अंदेशा[3]
हमारा कुछ किसी की दुश्मनी से हो नहीं सकता

1. कल का वचन
2. धीरज
3. डर

72

जो सर में ज़ुल्फ़ का सौदा था सब निकाल दिया
बला हूँ मैं भी कि आई बला को टाल दिया

जहाँ में आये थे क्या रंज ही उठाने को
इलाही तूने हमें किस बला में डाल दिया

ख़ुदा करीम[1] है यूँ तो मगर है इतना रश्क[2]
कि मेरे इश्क़ से पहले तुझे जमाल[3] दिया

तुम्हीं कहो कि कहाँ थी ये वज़'आ ये तरकीब[4]
हमारे इश्क ने साँचे में तुम को ढाल दिया

यक़ीं है ठोकरें खा खाके कुछ सँभल जाये
कि उसकी राह में हमने तो दिल को डाल दिया

1. करम करनेवाला, 2. शिकायत, 3. सौन्दर्य
4. रूप-सज्जा

73

जब सरे रह गुज़ार[1] फिरते हैं
वो बहुत होशियर फिरते हैं

इश्क़े-ख़ाना-ख़राब[2] के हाथों
दर बदर शह्रयार फिरते हैं

मयकदे में अ़जब तमाशा है
चार बैठे हैं चार फिरते हैं

हाय उनका ख़िरामे-मस्ताना[3]
पीके जब बादाख़्वार[4] फिरते हैं

दाग़ का ज़िक्र सुन के वो बोले
ऐसे अस्सी हज़ार फिरते हैं

1. रास्ते पर
2. घर उजाड़ प्रेम
3. मस्ती भरी चाल
4. शराबी

74

भला हो पीरे मुग़ाँ[1] का, इधर निगाह मिले
फ़क़ीर हैं, कोई चुल्लू खुदा की राह मिले

1. शराब बेचनेवाला

तेरा गुरूर समाया है इस क़दर दिल में
निगाह भी न मिलाऊँ जो बादशाह मिले

हुवा है दूदे-जिगर[2] से ये घर मेरा तारीक[3]
कि मौत ढूँढ़ती फिरती है कोई राह मिले

2. जिगर का धुआँ, 3. अँधेरा

मेरे ख़राबे[4] में आकर वो चौकड़ी भूले
कि फिर न ख़ाना-ख़राबी[5] को घर की राह मिले

4. वीराना
5. वीरानी

75

चोट दिल की वहीं उभर आई
जब हँसी आई आँख भर आई

थी शबे-वस्ल[1] किस क़दर कोताह
शाम गुज़री कि बस सहर[2] आई

मेरे मरक़द[3] पे मुझ से कहते हैं
क्यों तुझे नींद इस कदर आई

आईना क्यों हुआ जमाल[4] तेरा
अपनी सूरत मुझे नज़र आई

1.मिलन की रात
2. सवेरा
3. कब्र
4. सौंदर्य

76

दिल की कली न तुझ से कभी ए सबा[1] खिली
चम्पा खिली, गुलाब खिला, मोतिया खिली

जामे-शराब हाथ से साक़ी ने रख दिया
जब मेंह बरस के धूप चमन में ज़रा खिली

हम तो असीरे-दाम[2] हैं सय्याद[3] हम को क्या
गुलशन में गर बहार बहुत ख़ुशनुमा[4] खिली

1. पुर्वा हवा
2. बन्दी, 3. बन्दी करनेवाला
4. सुन्दर

77

दोस्त क्यों इश्क़ में करते हैं शिकायत मेरी
मुझ पे क्या ज़ोर किसी का है, तबीअत मेरी

यूँ तो बरसों न पिलाऊँ न पियूँ ऐ ज़ाहिद[1]
तोबा करते ही बदल जाती है निय्यत मेरी

तुम नहीं, ग़ैर सही, ग़ैर नहीं चर्ख़ सही
इक न इक फ़ितना लगा रखती है क़िस्मत मेरी

मुझ को दो ख़ाम-ओ-क़रतास[2] जो कुछ लिख जाऊँ
लिख चुके कातिबे-आमाल[3] हक़ीक़त मेरी... !

कौन सा लब है कि जिस पे नहीं शिकवा तेरा
कौन सा दिल है कि जिस में नहीं हसरत[4] मेरी

1. धार्मिक
2. कागज़-कलम
3. दो फ़रिश्ते जो हर आदमी के कर्मों का हिसाब रखते हैं
4. कामना

78

जब तेरे दिल से उतर जाता है दिल
जीते जी कमबख़्त मर जाता है दिल

राह में काबा भी है बुतख़ाना[1] भी
देखिये ले के किधर जाता है दिल

किस की निभती है हमेशा रस्मोराह[2]
चार दिन में दाग़ भर जाता है दिल

1. मन्दिर
2. सम्बन्ध

79

जिस वक़्त आये होश में कुछ बेखुदी से हम
करते रहे ख़याल में बातें उसी से हम

नाचार[1] तुम हो दिल से तो मजबूर जी से हम
रखते हो तुम किसी से मुहब्बत किसी से हम

1. विवश

80

हाथ अपने दोनों निकले काम के
दिल को थामा उनका दामन थाम के

दाग़ के सब हर्फ़[1] लिखते हैं जुदा
टुकड़े कर डाले हमारे नाम के…

1. अक्षर—उर्दू लिपि में दाग़ के अक्षर अलग-अलग लिखे जाते हैं

81

साक़िया[1] तशनगी[2] की ताब नहीं
ज़हर दे दे अगर शराब नहीं

1. ऐ शराब पिलाने वाले, 2. प्यास

रोज़ मरता हूँ रोज़ जीता हूँ
ज़िन्दगी का कोई हिसाब नहीं

82

सब से तुम अच्छे हो तुम से मेरी क़िस्मत अच्छी
ये ही क़मबख़्त दिखा देती है सूरत अच्छी!

जो हो आग़ाज़[1] में बेहतर वो ख़ुशी है बदतर[2]
जिसका अंजाम[3] हो अच्छा वो मुसीबत अच्छी

1. प्रारम्भ, 2. बुरी
3. अन्त

ज़ोरो-ज़र[4] से भी कहीं दाग़ हसीं मिलते हैं
अपने नज़दीक तो है सब से इनायत अच्छी

4. शक्ति-धन

83

मिलाते हो उसी को ख़ाक में जो दिल से मिलता है
मेरी जाँ चाहने वाला बड़ी मुश्किल से मिलता है

अदम[1] की जो हक़ीक़त है वो पूछो अहले-हस्ती[2] से
मुसाफ़िर को तो मंज़िल का पता मंज़िल से मिलता है

1. मरने के बाद का स्थान, 2. जीवित लोग

ग़ज़ब है दाग़ के दिल से तुम्हारा दिल नहीं मिलता
तुम्हारा चाँद-सा चेहरा महे-कामिल[3] से मिलता है

3. पूरा चाँद

❑❑